© copyright Verlag Wort im Bild GmbH, Altenstadt 2011
Bildbandreihe Herzliche Segenswünsche
Redaktion + Gestaltung: F. Christian Trebing

Fotos im Innenteil und auf den Umschlägen der Bildbände:
WiB-Archiv, F. Christian Trebing, ClipDealer, Fotolia
Druck: Wort im Bild, Altenstadt/Hessen

Foto: Fotolia

Gottes Segen zum Geburtstag

Foto: Trebing

Ein Geburtstag ist eine gute Möglichkeit, auf die zurückliegende Wegstrecke des Lebens zu schauen, Erinnerungen nachzuhängen, mit Freunden zusammen zu sein. Ein Geburtstag ist auch eine Möglichkeit, vertrauensvoll auf die vor uns liegende Wegstrecke zu schauen.

Geburtstag! Ich möchte dankbar sein für alles, was mein Leben trägt. Ich bin getragen und geführt worden. Vieles habe ich nicht meiner Leistung zu verdanken, sondern es ist mir geschenkt worden.

Ein Geburtstag ist ein Tag zum Nachdenken; vielleicht gibt es schwermütige oder traurige Augenblicke. Zugleich ist ein Geburtstag ein fröhlicher Tag. Ich freue mich, dass ich dem Leben angehöre. Ich lebe jetzt und heute. Und heute lebe ich auch einmal so, als gäbe es nur dieses Heute.

Ihr Geburtstag will Ihnen sagen: Es ist gut, dass es Sie gibt! Ihr Geburtstag will Ihnen sagen, dass Sie ein besonderer, einzigartiger Mensch sind. Es gab Millionen Menschen vor Ihnen, es wird Millionen Menschen nach Ihnen geben, doch Sie gibt es nur einmal. Keiner ist so wie Sie!

Einen frohen und glücklichen Geburtstag wünschen Ihnen heute alle Menschen, die Sie mögen und die mit guten Wünschen und kleinen Aufmerksamkeiten Ihr Leben begleiten.

Herr der Welt,
ich singe dir.
Alles blüht
um mich her,
und die Welt
ist gesegnet
und voll Freude.

Aus Irland

Foto: Christian Trebing

Das neue Haus

Ich hatte mir ein Haus gebaut. Ich hatte Jahre dazu gebraucht zu sparen, zu planen, zu bauen. Als es jetzt fertig war, feierte ich mit den Meinen ein Fest.

»Wie bin ich froh, es für euch gebaut zu haben!« sagte ich und betrachtete es und sah, dass es gut war.

Dann ging ich in die Kirche, um Gott zu danken.

Auf dem Weg zur Kirche traf ich einen, der mich um mein Haus beneidete. »Hör zu, Rösler«, sagte er zu mir, »wie kann man so unklug sein, sich in den heutigen unsicheren Zeiten ein Haus zu bauen? Liest du nicht von den Unwettern, die über das Land ziehen; von Überschwemmungen, von Blitz und von Donnerschlag, die ein Haus von oben bis unten aufreißen; von Hagelgeschossen, die Fenster und

Foto: Christian Trebing

Dachziegel zertrümmern; von Wirbelstürmen, die das Dach davontragen; von Sturmfluten, die ganze Häuser wegschwemmen?«

»Ich habe mein Haus auf gutem Grund gebaut«, sagte ich. »Nun gut, selbst wenn dich das Unwetter verschont, so denke an Feuersbrünste, die ganze Straßenzeilen einäschern. Wie leicht springt so ein Funke auch auf dein Dach über, und dein Haus brennt bis zum Boden nieder, und alle deine Ersparnisse, die du in dein Haus gesteckt hast, sind vernichtet. Auch liest man viel von Explosionen, die in der heutigen Zeit Ausmaße erreichen, dass ein Stadtviertel zu Staub und Asche wird. Wie willst du dein Haus dann wiederfinden, wenn es nicht mehr steht?« »Ich habe es auf gutem Grund gebaut«, wiederholte ich. »Wenn du alles nicht fürchtest, Rösler«, fuhr der Mann fort, »so denke daran, in welchen politischen Zeiten wir leben, und dass morgen schon ein neuer Krieg ausbrechen kann, der dich aus deinem Haus vertreibt und es zum Zeltlager der Soldaten macht. Und es wird ein Krieg sein, der ganze Städte vom Erdboden wegfegt, das Land verseucht, bei dem es Atomraketen und Bomben vom Himmel regnet, und du dort, wo einmal dein Haus stand, nur einen tiefen Trichter mit unreinem Wasser vorfindest.«

»Ich habe mein Haus auf gutem Grund gebaut«,

sagte ich zum dritten Male. Der Neider sah mich verständnislos an, fast ein bisschen ärgerlich. »Du antwortest mir dreimal das gleiche«, sagte er, »worauf stützt sich deine Zuversicht, dass dein Haus stehen bleibt und ihm nichts geschehen wird? Worauf hast du gebaut, dass du ohne Angst und Sorge lebst?« Ich sagte: »Auf ...«. Ich sprach es nicht aus. Er drängte: »Sag es, Rösler!« »Es ist ein wenig altmodisch, was ich sagen werde, und für manche Ohren mag es einen komischen Klang haben. Aber ich baute mein Haus auf etwas, auf das man früher jedes Haus baute und es auch heute meist noch tut, auch wenn man es nicht ausspricht und aus Angst verlacht zu werden, nicht zugibt.«

»Worauf also?«

Ich sagte: »Auf etwas, was ich von meinem Vater mitbekommen habe - auf Gottvertrauen.«

Foto: Christian Trebing

Mögest du immer einen Blick
für das Sonnenlicht haben,
das sich in deinen Fenstern spiegelt,
und nicht für den Staub,
der auf den Scheiben liegt.

Der Regenbogen ist wie eine
Klammer, er hält die Enden
des Himmels zusammen.
Möge er auch Leib und Seele
verbinden mit der Sanftmut
seiner Farben.

Irische Segensworte

Foto: ClipDealer/Cornerstone

Was ich dir wünsche

Mit seiner schlichten Klarheit spricht der Text tiefe Wahrheiten aus. Er ist fälschlicherweise als „Zuspruch von Baltimore 1692" verbreitet worden. Das Gedicht stammt von Max Ehrmann (1872-1945), ein Enkel deutscher Auswanderer. 1948 wurde ein Gedichtband mit dem Titel „The Poems of Max Ehrmann" veröffentlicht, in dem auch die Desiderata abgedruckt waren.
Zur Berühmtheit gelangten die Segenswünsche durch Frederick W. Kates. Während seiner Amtszeit als Rektor der St. Paul's Kirche in Baltimore legte er Texte, die ihm viel bedeuteten, für seine Gottesdienstbesucher in den Kirchenbänken aus. Da Kates das Gedicht auf dem Briefpapier seiner Kirche „Old Saint Paul's Church, Baltimore, foundet 1692" druckte, führte dies bis heute zum Missverständnis über das wahre Alter des Textes.

Gehe ruhig und gelassen durch Lärm und Hast
und sei des Friedens eingedenk,
den die Stille bergen kann.
Steh soweit, ohne Selbstaufgabe,
in freundlicher Beziehung zu allen Menschen.
Äußere deine Wahrheit ruhig und klar und höre

anderen zu, auch den Geistlosen und Un-
wissenden, denn auch sie haben ihre Geschichte.
Meide laute und aggressive Menschen,
sie sind eine Qual für dein Herz.

Wenn du dich mit anderen vergleichst
könntest du bitter werden und dir nichtig vorkom-
men; denn immer wird es jemanden geben,
der größer oder geringer scheint als du.
Freue dich deiner Leistung wie auch deiner Pläne.
Bleibe weiter an deiner eigenen Laufbahn interes-
siert - wie bescheiden auch immer.
Sie ist ein echter Besitz im wechselnden
Glück der Zeiten.

In geschäftlichen Dingen lass Vorsicht walten,
denn die Welt ist voller Betrug.
Aber das soll dich nicht blindmachen für
gleichermaßen vorhandene Rechtschaffenheit.
Viele Menschen ringen um hohe Ideale
und überall ist das Leben voll Heldenmut. Sei du
selbst, vor allem: heuchle keine Zuneigung,
noch sei zynisch, was die Liebe betrifft,
denn auch im Angesicht der Dürre und Enttäu-
schung ist sie immerwährend wie Gras.

*Ertrage fröhlich gelassen
den Ratschluss der Jahre,
gib die Dinge der Jugend mit Gelassenheit hin.
Stärke die Kraft deines Geistes, damit sie dich in
plötzlich hereinbrechendem Unglück schütze.
Aber beunruhige dich nicht mit Einbildungen,
viele Befürchtungen sind Einbildungen
der Einsamkeit und Erschöpfung.*

*Bei einem heilsamen Maß an Selbstdisziplin
sei gut zu dir, denn du bist ein Kind des Universums - nicht weniger als die Bäume und Sterne,
du hast ein Recht hier zu sein.
Und ob es dir bewusst ist oder nicht:
Zweifellos entfaltet sich das Universum
wie vorgesehen.*

*Darum habe Frieden mit Gott,
was für eine Vorstellung du auch immer
von ihm hast und was dein Mühen und Sehnen ist.
Trotz all ihrem Schein, der Plackerei
und den zerbrochenen Träumen
ist die Welt doch wunderschön!
Sei vorsichtig!
Strebe danach glücklich zu sein!*

Foto: Christian Trebing

Wer betet nicht?

Ein Bauer kam einmal in ein Wirtshaus, in dem schon viele Gäste waren, darunter auch feine Leute aus der Stadt. Der Bauer setzte sich hin und bestellte sein Essen. Wie es ihm gebracht wird, faltet er die Hände und spricht das Tischgebet. Darüber machten sich die Leute aus der Stadt lustig, und ein junger Mann fragte den Bauer: »Bei euch zu Hause macht man das wohl so? Da betet wahrscheinlich alles?«

Der Bauer, der inzwischen ruhig zu essen angefangen hatte, antwortete dem Spötter: »Nein, es betet auch bei uns nicht alles.«

Der junge Mann fragte weiter: »Na, wer betet denn nicht?«

»Nun«, meint der Bauer, »zum Beispiel mein Ochs, mein Esel und mein Schwein. Sie gehen ohne Gebet an die Futterkrippe. «

Ab und zu einmal lächeln

Es war ein kleines Lächeln, das machte sich auf den Weg, um zu sehen, ob es nicht jemanden fände, wo es wohnen könnte. Es traf ein kleines Augenzwinkern, das auch nicht viel größer war. Sofort fühlten sich die zwei zueinander hingezogen. Sie gaben sich die Hand und zogen gemeinsam weiter. Sie waren noch nicht sehr weit gegangen, da trafen sie zwei kleine Lachfältchen. Die fragten, wohin der Weg ginge, und sie gingen mit. Da kamen sie in einen großen Wald, und unter einem Baum sahen die vier Freunde eine alte Frau sitzen, die allein war und sehr traurig aussah. Die vier verständigten sich kurz und guckten dann, ob die alte Frau noch Platz für sie hätte. Heimlich und lautlos versteckten sich die zwei Lachfältchen und das Augenzwinkern unter den Augen, und das Lächeln krabbelte in die Mundwinkel. Da kitzelte es die alte Frau, sie stand auf und merkte plötzlich, dass sie nicht mehr so traurig war, und sie ging hinaus aus dem Wald auf eine große Wiese, wo es hell und warm war.
Dem ersten Menschen, den sie traf, schenkte sie befreit ein kleines, klitzekleines Lächeln, zwinkerte dabei mit den Augen, und die Lachfältchen fühlten sich richtig wohl.

Spuren der Liebe sind Wege ins Glück

Manchmal gibt es Menschen, die sich von der Liebe Gottes inspirieren lassen, die nach anderen Maßstäben suchen, als die Welt sie anbietet, und die damit auch andere Maßstäbe setzen. In den deutschen Zeitungen wurde von einer 32-jährigen Krankenschwester berichtet, die in einem kleinen Krankenhaus im Weserbergland tätig war. Sie war in ihrem Leben nicht auf Rosen gebettet: mit 5 Jahren bekam sie Kinderlähmung, viele Jahre war sie in einem Pflegeheim, erst mit 17 Jahren konnte sie den Rollstuhl zur Seite stellen und eine Ausbildung beginnen. Und dann gewinnt sie im Lotto fast drei Millionen Mark. Endlich hatte sie Gelegenheit, alles nachzuholen, was sie in ihrem bisherigen Leben verpasst hat. Aber sie hat ganz anders gedacht und gehandelt. Aus Dankbarkeit gegenüber den Menschen, die sie gepflegt haben, und gegenüber Gott, der alles wunderbar gefügt hat, ließ sie von dem Lottogewinn ein Heim für behinderte Kinder bauen. Es leben Menschen unter uns, die bereits auf dieser Erde göttliche Maßstäbe setzen. So werden Letzte zu Ersten.

Die Eintagsfliege

»Hurra, wie schön ist es, in der Sonne zu tanzen!«, rief die Eintagsfliege. »Ein Sonnentag! Ein Feiertag! Ein Ferientag ist das! Was kann schöner sein!«
Durch ihre zarten Flügel schien das gleißende Licht der Julisonne. Sie setzte sich auf das Blatt eines Eichbaumes. »Du arme Fliege!«, sagte der Eichbaum. »Nur einen einzigen Tag lang darfst du tanzen! Wie traurig ist das!«
»Ich verstehe dich nicht!«, sagte die Eintagsfliege. »Ich bin glücklich! Ich spüre die warme Sonne. Ich bin satt und zufrieden! Mein Herz hüpft vor Freude!«
Aber so schnell ist alles vorbei!«, meinte die Eiche. „Wie lang darf ich dagegen hier leben! Viele, viele Tage, viele Monate, viele Sommer und Winter!"
»Und ich«, rief die Eintagsfliege, »ich lebe Tausende von Augenblicken und in jedem einzelnen Augenblick bin ich froh und glücklich. - Was macht es, wenn ich nicht mehr tanze? Hört denn alle Herrlichkeit der Welt auf, wenn wir nicht mehr da sind?«
»Nein«, sagte die Eiche, »die Herrlichkeit der Welt bleibt viel länger bestehen, als du und ich es uns vorstellen können.« „Dann ist ja alles in Ordnung! Wir rechnen eben nur verschieden!«, rief die Eintagsfliege und tanzte weiter.

Foto: Christian Trebing

Schuster Konrad

An diesem Morgen war Konrad, der Schuster, schon sehr früh aufgestanden, hatte seine Werkstatt aufgeräumt, den Ofen angezündet und den Tisch gedeckt. Heute wollte er nicht arbeiten. Heute erwartete er einen Gast. Den höchsten Gast, den ihr euch nur denken könnt. Er erwartete Gott selber. Denn in der vorigen Nacht hatte Gott ihn im Traum wissen lassen: Morgen werde ich zu dir zu Gast kommen. Nun saß Konrad also in der warmen Stube am Tisch und wartete, und sein Herz war voller Freude.  Da hörte er draußen Schritte, und schon klopfte es an der Tür. »Da ist er«, dachte Konrad, sprang auf und riss die Tür auf. Aber es war nur der Briefträger, der von der Kälte ganz rot und blau gefrorene Finger hatte und sehnsüchtig nach dem heißen Tee auf dem Ofen schielte. Konrad ließ ihn herein, bewirtete ihn mit einer Tasse Tee und ließ ihn sich aufwärmen. »Danke«, sagte der Briefträger, »das hat gut getan.« Und er stapfte wieder in die Kälte hinaus. Sobald er das Haus verlassen hatte, räumte Kon-

rad schnell die Tassen ab und stellte saubere auf den Tisch. Dann setzte er sich ans Fenster, um seinem Gast entgegenzusehen. Er würde sicher bald kommen. Es wurde Mittag, aber von Gott war nichts zu sehen. Plötzlich erblickte er einen kleinen Jungen, und als er genauer hinsah, bemerkte er, dass dem Kleinen die Tränen über die Wangen liefen. Konrad rief ihn zu sich und erfuhr, dass er seine Mutter im Gedränge der Stadt verloren hatte und nun nicht mehr nach Hause finden konnte. Konrad legte einen Zettel auf den Tisch, auf den er schrieb: Bitte, warte auf mich. Ich bin gleich zurück! Er ließ seine Tür unverschlossen, nahm den Jungen an der Hand und brachte ihn nach Hause. Aber der Weg war weiter gewesen, als er gedacht hatte, und so kam er erst heim, als es schon dunkelte. Er erschrak fast, als er sah, dass jemand in seinem Zimmer am Fenster stand. Aber dann tat sein Herz einen Sprung vor Freude. Nun war Gott doch zu ihm gekommen. Im nächsten Augenblick erkannte er die Frau, die oben bei ihm im gleichen Hause wohnte. Sie sah müde und traurig aus. Und er erfuhr, dass sie drei Nächte lang nicht mehr geschlafen hatte, weil ihr kleiner Sohn Petja so krank war, dass sie sich keinen Rat mehr wusste. Er lag so still da, und das Fieber stieg, und er erkannte die Mutter nicht mehr. Die Frau tat Konrad leid. Sie war ganz allein mit dem Jungen, seit ihr Mann verunglückt war. Und so ging er mit. Gemeinsam wickelten sie Petja in feuchte Tücher. Konrad saß am Bett des kranken Kindes, während die Frau ein wenig ruhte.

Als er endlich wieder in seine Stube zurückkehrte, war es weit nach Mitternacht. Müde und über alle Maßen enttäuscht legte sich Konrad schlafen. Der Tag war vorüber. Gott war nicht gekommen. Plötzlich hörte er eine Stimme. Es war Gottes Stimme. »Danke«, sagte die Stimme, »danke, dass ich mich bei dir aufwärmen durfte - danke, dass du mir den Weg nach Hause zeigtest - danke für deinen Trost und deine Hilfe - ich danke dir, Konrad, dass ich heute dein Gast sein durfte.«

Über den Horizont hinausschauen

Ein protestantischer Missionar arbeitete schon jahrelang bei den Papuas in der Südsee. Bei der Bibelübersetzung in die Sprache der Einheimischen fand er nicht den rechten Ausdruck für das Wort »Hoffnung«. Er suchte lange nach diesem Begriff, bis er eines Tages sein neugeborenes Kind zu Grabe tragen musste. Ein Papuajunge, der zusah, wie der Vater seinen Sohn begrub, sagte zu dem Missionar: »Ich sehe dich gar nicht weinen.«
Darauf der Vater: »Warum denn, wir werden uns wiedersehen. Unser Kind ist bei Gott.« Und der Junge für sich: »Ja, ich hörte es. Ihr Christen schaut über den Horizont hinaus.« Über den Horizont hinausschauen ... Ja, jetzt wusste der Missionar, wie er das Wort »Hoffnung« zu übersetzen hatte.

Möge der Weg sich vor dir öffnen, und möge Gott mit dir sein.
Aus Irland

Mut wünsche ich dir am hellen Tag
und auch in der dunklen Nacht.
Mut wünsche ich dir,
wenn es dir leicht fällt.
und auch, wenn dich
ein Sturm vernichten will.

Möge dir das Licht
des auferstandenen Christus
in der Nacht der Anfechtung
die Gewissheit schenken,
dass er dir nahe ist.

Möge der Atem der Schöpfung
deine Seele berühren
und sie zu neuem Leben wecken.

Irische Segensworte

Foto: Christian Trebing

Der Pilger

In einem schönen Schloss, von dem längst kein Stein mehr auf dem anderen geblieben ist, lebte einst ein sehr reicher Ritter. Er verwendete viel Geld darauf, sein Schloss recht prächtig auszustatten; den Armen aber tat er wenig Gutes.

Da kam einmal ein Pilger in das Schloss und bat um eine Nachtherberge.

Der Ritter wies ihn unfreundlich ab und sprach: »Dieses Schloss ist kein Gasthaus.«

Der Pilger sagte: »Erlaubt mir nur drei Fragen, dann will ich weitergehen.«

Der Ritter sprach: »Auf diese Bedingung hin mögt Ihr fragen. Ich will Euch gerne antworten.«

Der Pilger fragte ihn nun: »Wer wohnte wohl vor Euch in diesem Schloss?«

»Mein Vater«, sprach der Ritter.

»Wer wohnte vor Eurem Vater da?«

»Mein Großvater«, antwortete der Ritter.

»Und wer wird wohl nach Euch darin wohnen?«, fragte der Pilger weiter.

Der Ritter sagte: »So Gott will, mein Sohn!«

»Nun«, sprach der Pilger, »wenn jeder nur eine Zeitlang in diesem Schloss wohnt und immer einer dem anderen Platz macht - was seid Ihr denn anders hier als Gäste? Dieses Schloss ist

also wirklich ein Gasthaus. Verwendet daher nicht so viel, dieses Haus prächtig auszuschmücken, das Euch nur kurze Zeit beherbergt. Tut lieber den Armen Gutes, so baut Ihr Euch eine bleibende Wohnung im Himmel.«
Dem Ritter gingen diese Worte zu Herzen. Er behielt den Pilger über Nacht und wurde von dieser Zeit an wohltätiger gegen die Armen.

Eine schöne Geschichte, die man auch mit den Mitteln der heutigen Zeit erzählen könnte. Auch bei uns gibt es große soziale Unterschiede. Menschen in palastartigen Villen mit schlossähnlichen Parkanlagen und Großstadtghettos mit Leuten, die sich bei den »Tafeln« Lebensmittel für ihre Kinder besorgen müssen. Das Armutsrisiko in vielen Gebieten der Entwicklungsländer ist noch weitaus größer. Im Vergleich zu ihnen sind viele von uns »Ritter«, die mehr als genug haben. Daraus kann jeder von uns kleine, persönliche Konsequenzen ziehen, die hilfreich sind. Wir wollen uns damit nicht den Himmel verdienen, das wäre ein falsches Denken, wir wollen einfach dankbar sein für das, was uns Gott in großer Fülle geschenkt hat. So möge uns diese Geschichte zu »Herzen gehen« und unsere Hand für die Armen öffnen. Das gilt besonders auch für politisch Verantwortliche, die noch mehr bewegen können!

Ein Buch mit Fenstern

Bei einem Seminar christlicher Schriftsteller gab ein Arbeitsgruppenleiter den Teilnehmern ein Manuskript und fragte sie, was sie daran positiv fänden. Die Antworten kamen spontan: Der Autor weiß Bescheid über den christlichen Glauben: Stil, Zeichensetzung und Rechtschreibung scheinen fehlerfrei zu sein.

»Und nun sagen Sie mir, was daran fehlt«, fragte der Arbeitsgruppenleiter. Die Gruppe schwieg. Endlich sagte jemand: »Der Text sagt zwar die Wahrheit, aber ohne lebendige Vorstellungskraft.«

»Das ist richtig«, meinte der Leiter der Arbeitsgruppe. »Aber wie könnten wir diesem Schreiber helfen?«

Wiederum Schweigen. Schließlich sagte der Leiter: »Er musste ein Fenster öffnen. Ein Fenster öffnen!? Nun, wenn Sie anderen die Wahrheit weitersagen, sind Sie jemand, der Ihnen ein Fenster öffnet. Sie suchen einen Weg, auf dem Licht hereinströmen kann. Sie öffnen Fenster in den Herzen der Menschen. Manchmal nehmen diese Fenster die Form von Geschichten an, die Sie irgendwo einmal gehört haben - vielleicht persönliche Erlebnisse, vielleicht auch Dinge, die andere Ihnen einmal erzählt haben.

Foto: Schunk

Christen hören und erzählen gern die Gleichnisse Jesu weiter. Als Jesus sie vor langer Zeit erzählt hat, gefielen sie seinen Zuhörern auch sehr gut. Was Jesus sagte, war mit vielen solchen Fenstern versehen.

Die modernen Geschichtenerzähler wissen, was Jesus damals auch wusste: Ein Bild kann mehr als tausend Worte sagen. Eine Wahrheit wird lebendig, unvergesslich, wenn man durch einige Fenster Einblick gewinnt. Sie halten ein Buch mit solchen Fenstern in ihren Händen. Es sind Fenster in ein Leben mit Jesus Christus, die sich Ihnen öffnen. Sie helfen Ihnen zu erkennen, was wirklich wesentlich im Leben ist. Es sind Geschichten und Bilder, die Sie zu dem hinführen wollen, dessen Schöpfermacht auch Ihnen das Leben gab. Auch wenn Sie manchmal das Gefühl haben, wer sollte mich schon verstehen, wer sollte mein Leben wertschätzen. Gott tut das, er ist eine wohltuende Macht, ein Gegenüber, das uns als Person ernst nimmt. Eigentlich unvorstellbar. Aber er hat alles getan, um uns Menschen diesen wunderbaren Lebensraum der Erde zu schenken. Es ist etwas ganz Besonderes, das es nirgendwo sonst im Weltall gibt. Kein Mensch kann uns erklären, warum das so ist, es ist Gottes Geheimnis.

Christian Trebing

Nicht jammern, sondern vertrauen

Jesus spricht in der Bergpredigt: »Sorget euch nicht um euer Leben und darum, dass ihr etwas zu essen habt, noch um euren Leib und darum, dass ihr etwas anzuziehen habt. Ist nicht das Leben wichtiger als die Nahrung und der Leib wichtiger als die Kleidung?
Trachtet vielmehr am ersten nach dem Reich Gottes und nach seiner Gerechtigkeit, dann wird Gott euch mit allen anderen Dingen versorgen.«
(Nach Matthäus 6)

Die Sorge greift um sich, sie fällt über uns wie eine Krankheit, sie lässt uns nicht zur Ruhe kommen, ob wir schlafen wollen oder aufstehen. Die Sorge ist allgegenwärtig. Die Jungen sorgen sich um die Arbeitsplätze, um die Zukunft der Energieversorgung, um den Frieden in einer von vielen lokalen Kriegen bedrohten Welt, die Alten sorgen sich um die Rente, um die Kinder und Enkel und die vielen Krankheiten, die noch kommen können. Die Sorge lähmt unser Herz und unser Handeln. Hier kommt nun Jesus und sagt einfach: Sorget nicht. Macht Euch keine Sorgen.

Das ist leicht gesagt, werden Sie einwenden. Was sollen wir tun, wenn wir doch allen Grund zur Sorge haben?

Viele von uns stehen auf dem Müll ihrer Lebensgeschichte und haben das Gefühl, den hat Gott uns eingebrockt! Na klar, hat man einen Schuldigen gefunden, ist man selbst entlastet. So funktioniert das doch bei uns Menschen schon im zarten Kindesalter.

Es fällt uns schwer zuzugeben, dass wir alles unter uns begraben haben, was das Leben verschönern sollte. All der schöne Schein, Häuser, Wohnungen, Möbel, Autos, all die wunderbaren elektronischen Geräte - all diese Dinge an denen unser Herz hing, sie stellen sich nun als Schrott heraus.

Was ist all das gegen einen Menschen, der uns verlässt, gegen eine lebensbedrohliche Krankheit? Was ist das schon im Angesicht des Sterbens eines geliebten Menschens?

Wir sind verlorengegangen zwischen Plastikteilen und Gummirädern, zwischen Fastfood und Powerdrinks. Zu lange haben wir in einer Scheinwelt gelebt und den Wert des Lebens mit Gott überhaupt nicht geschätzt. Zu spät haben wir erkannt, es hat alles seinen Preis, doch wir können ihn nicht bezahlen, weil uns die passende Währung fehlt. Wir haben unser Leben in Euro und

Cent gerechnet, doch in Gottes Augen wären Rücksicht und Liebe nötig gewesen. Diese Scheine gab es nicht auf der Bank und die sie uns schenken wollten, haben wir als Miesmacher ausgelacht. Das Leben ohne Rücksicht auf Gott und seinen Willen war doch so schön einfach und klar...

Doch um Euch Wohlstandskinder sorgt Gott sich schon lange, sagt Jesus, denn Ihr seid Menschen, die Gott besonders liebt. Euch hat er schon ewig im Auge, obwohl Ihr immer nach unten geblickt habt, auf das, was Ihr euch selbst geschaffen habt.

Kümmert Euch jetzt zuerst um Gott. Denn es geht um Euer Leben, um das Leben vor dem Tod und das Leben danach. Wer sich in der täglichen Sorge um Essen und Trinken verirrt, der geht am Leben vorbei. Wer immer nur nimmt, was er kriegen kann, wer verbraucht und nicht danach fragt, was er anrichtet, der macht aus Gottes Schöpfung die Hölle auf Erden.

Gott lädt uns ein zu einem Leben, das den Tod nicht fürchten muss. Und dieses Leben beginnt für uns heute, wenn wir umkehren und ein neues Leben beginnen. Also besinnen wir uns darauf, dass wir an der Spitze einer Müllpyramide stehen: Geldgier, Machthunger, Genuss-Sucht und Götzenverehrung.

Gott will diesen Müll aber in neue Lebensqualität verwandeln. Deshalb streckt ihm die offene Hand entgegen und nicht die Faust. Wer auf seinem eigenen Dreck besteht und dem Schöpfer nur die Schuld am hausgemachten Un-Sinn gibt, der wartet vergeblich auf Hilfe. Doch wer ihm die Hand entgegenstreckt, dem kann er aus der Misere seines Lebens helfen. Sorgt Euch nicht, freut Euch vielmehr. Die Liebe Gottes ist ein Luxus, den sich jeder leisten kann.

F. Christian Trebing

Gehilfin der Freude

Nach vielen Jahren als Familienmutter voll eingespannt, spürte ich eine Unzufriedenheit, weil mich die Arbeiten im Haushalt nicht mehr ausfüllten. Unsere Kinder brauchten mich auch nicht mehr ständig. Mir fehlte eine neue Aufgabe, eine Herausforderung. Mein Alltag war zu monoton. Ich wollte gerne eine befriedigende Arbeit außerhalb meiner Familie übernehmen, vor allem eine sinnvolle Tätigkeit an Menschen, die mich brauchten. Ich traf mich mit meinem Bruder zu einem Gespräch in einem gemütlichen Café. Er hatte gute Kontakte zum Diakonischen Werk und kannte etliche Kurse, die dort angeboten wurden. Gleich am nächsten Tag meldete ich mich zu einer Ausbildung an. Ich war mit freundlichen jüngeren und auch älteren Frauen mehrere Monate in einer Gruppe zusammen. Mit Begeisterung und viel Einsatz ließ ich mich zur Beschäftigungstherapeutin für Senioren ausbilden. Die Lehrkräfte verlangten viel von uns. Zum Abschluss dieser Ausbildung wurden wir einzeln von einem Team geprüft. Ich hatte eine kleine Geschichte zu den gymnastischen Übungen geschrieben. Das war für uns alle eine lockere Aufheiterung. Ich war glücklich, weil ich als Beste bestanden hatte.

Etwa zwei Wochen später feierten wir mit Besuchern den Abschluss unserer kleinen, aber sehr sinnvollen Schulung. Der freundliche Geschäftsführer des Diakonischen Werkes begrüßte alle Anwesenden sehr einladend mit den Worten: »Wir wollen heute etwas Besonderes feiern. Wie wertvoll und wichtig ist es in unserer heutigen Gesellschaft, dass sich motivierte Frauen einer Ausbildung unterziehen, damit sie den alten Menschen in den Heimen mit Spielen, Tanz, Gedächtnistraining, Singen und Zuwendung wenigstens für einen oder zwei Nachmittage in der Woche Freude und Abwechslung bringen.« Ein schöner Applaus erfüllte den großen Raum, in dem die Holztische mit kleinen roten Deckchen und bunten Blumensträußen geschmückt waren.

Dann erfolgte die Übergabe der Zertifikate. Wir wurden einzeln aufgerufen. Der Geschäftsführer gratulierte jeder Frau und überreichte eine wunderschöne rote Rose mit dem begehrten Zeugnis. Dann kam ein so wertvoller Satz mit einer Bitte über seine Lippen, den ich bis heute nicht vergessen habe. »Werden Sie eine Gehilfin der Freude!« Diese Aufforderung berührte mein Herz bis ins Innerste. Dann wurde gemütlich etwas gegessen und getrunken, aber vor allem auch miteinander getanzt. Fröhlichkeit erfüllte die Herzen aller, die zu dieser Feier gekommen waren.

Aber es war gar nicht so einfach, eine geeignete Stelle in einem Altenheim zu finden. Doch ich bekam Hilfe durch die Unterstützung eines Kommunalpolitikers, der dem Heimleiter eines privaten Heimes Druck gemacht hatte, weil dieser bislang keinerlei Beschäftigungstherapie für die bedürftigen alten Menschen anbot. Obwohl ich eine sehr lange Fahrtzeit mit der Bahn hatte, nahm ich diese Chance gerne an. Und ich hatte Glück, die alten und kranken Menschen hatten mich gleich in ihr Herz geschlossen und umgekehrt genauso. Im hellen Wintergarten, der den Blick zum Himmel und in den idyllischen Garten ermöglichte, saßen die ersten Senioren schon auf ihren Lieblingsplätzen und warteten auf mich. Mit einem bunten Plakat hatte ich mein Kommen vorher schon angekündigt. Meistens hatten sich zu Beginn unseres fröhlichen Nachmittags 20 bis 25 Damen und auch ein paar Herren um mich versammelt. Jeden einzelnen Teilnehmer begrüßte ich sehr herzlich mit ein paar Worten.

Ich fing immer mit einer leichten Gymnastik, unterstützt von Musik, an. Danach habe ich versucht, das Gedächtnis der Hochbetagten zu mobilisieren. Der schönste Teil war immer, wenn wir alle gemeinsam die alten deutschen Volkslieder sangen. »Aus der Jungendzeit klingt ein Lied...«, „Am Brunnen vor dem Tore...« und viele andere

Lieder wurden gewünscht. Das Langzeitgedächtnis hatte diese Kostbarkeiten für das einsame Alter liebevoll abgespeichert. Auch für mich war es ein wunderschönes Erlebnis, dieses fröhliche einträchtige Miteinander im Gesang zu erleben. Frau Witte, die trotz ihres erlittenen Schlaganfalls geistig wieder gesund war, wollte gerne mit uns zum Abschluss singen: »Sah ein Knab' ein Röslein steh'n«. Mich interessierte dann, wie alt Goethe wohl war, als er dies bezaubernde Lied schrieb. Ich schaute zuhause nach, und siehe da, der große Dichter Goethe war erst zweiundzwanzig Jahre jung, als er dies zarte Liebeslied schrieb.

»Werden Sie zu einer Gehilfin der Freude«, diesen Auftrag habe ich mit Gottes Hilfe über zwölf Jahre in diesem Senioren- und Pflegeheim mit Liebe und Kreativität erfüllen können. Und dafür bin ich heute noch sehr dankbar. Jeden Donnerstag, bevor ich morgens aus meinem Bett aufstand, habe ich meine Hände gefaltet und ein kleines Bittgebet gesprochen: »Treuer Gottvater, schenke mir so viel Liebe, damit alle alten und kranken Menschen sich in meinem Kreis wohl fühlen.« Und auch heute noch kann ich sagen, dass auf dieser wertvollen Arbeit ein Segen lag.

Monika Mieck

Foto: Christian Trebing

Möge der Weg meines Enkels über
die gute Straße führen.
Möge sein Teller immer gefüllt sein,
seine Pferde zahlreich
und von verschiedener Farbe.
Mögen Vögel ihn begleiten
und singen an dem Ort,
an dem der Tag lang ist
und ein guter Wind weht.

Möge ein gutes Wort am Morgen
dich wie ein Freund
den ganzen Tag begleiten.

Irische Segensworte

Diesen Bildband (Ausgabe 2011) gibt es in gleicher Ausstattung mit unterschiedlichen Titelblättern:

Best. Nr. 878.577
Herzliche Segenswünsche zum Geburtstag

Best. Nr. 878.578
Herzliche Segenswünsche zum 70. Geburtstag

Best. Nr. 878.579
Herzliche Segenswünsche zum 75. Geburtstag

Best. Nr. 878.580
Herzliche Segenswünsche zum 80. Geburtstag

Best. Nr. 878.581
Herzliche Segenswünsche zum 85. Geburtstag

Best. Nr. 878.576
Augenblicke des Glücks

Außerdem lieferbar:
Best. Nr. 878.582   Herzliche Segenswünsche zum 90. Geburtstag
Best. Nr. 878.583   Herzliche Segenswünsche zum 95. Geburtstag